Le petit sapin

À son Altesse le prince
Albert-de-la-place-des-Fêtes !
À ses sœurs Prudence et Violette
qui l'ont tant attendu. *Yallah !*
Mazel tov ! Alléluia !
C. G.

Dépôt légal : octobre 2018
ISBN : 978-2-0814-4031-9
Imprimé en République Tchèque par PB Tisk – décembre 2018
Éditions Flammarion (L.01EJDN001575.A002) – 87, quai Panhard-et-Levassor, 75647 Paris Cedex 13
Loi n° 49-956 du 16 juillet 1949 sur les publications destinées à la jeunesse

Le petit sapin

Un conte d'après Hans Christian Andersen
Illustré par Charlotte Gastaut

PÈRE CASTOR

Il était une fois un joli sapin juste sorti de terre,
au milieu d'une forêt de grands pins et sapins.
Le petit sapin était si impatient de grandir,
qu'il ne remarquait ni le soleil, ni l'air pur.
Les oiseaux ne lui causaient aucun plaisir,
pas plus que les nuages roses qui, matin et soir,
naviguaient dans le ciel au-dessus de sa tête.

L'hiver, lorsque la neige étincelante étalait partout sa blancheur,
parfois, un lièvre bondissait et sautait par-dessus le petit arbre...
Oh ! que c'était vexant !
« Ah, si j'étais un grand comme les autres ! soupirait le petit sapin,
je pourrais étendre largement ma verdure et,
de ma cime, contempler le vaste monde.
Les oiseaux bâtiraient leur nid dans mes branches,
et quand il ferait du vent, je pourrais me balancer
avec grâce comme font ceux qui m'entourent ! »

Trois hivers passèrent ainsi, et quand vint le quatrième,
le sapin était assez grand pour que le lièvre
fût obligé de le contourner.
« Pousser, pousser, devenir grand,
c'est la seule joie au monde ! » se disait-il toujours.

L'automne suivant, comme chaque année,
les bûcherons revinrent dans la forêt.
De grands arbres magnifiques tombèrent à terre
avec fracas, puis on coupa leurs branches.
Ils furent chargés sur des charrettes
et des chevaux les emportèrent hors de la forêt.
« Où vont-ils ? Que va-t-il leur arriver ? »
se demanda le petit sapin.

Au printemps, au retour des hirondelles et des cigognes, le petit sapin leur demanda :
– Savez-vous où les grands arbres ont été conduits ? Les avez-vous rencontrés ?
Les hirondelles n'en savaient rien, mais une cigogne eut l'air de réfléchir, hocha la tête et dit :
– Oui, je crois le savoir. J'ai rencontré beaucoup de vaisseaux neufs en revenant d'Égypte. Ils avaient tous des mâts superbes. J'ose dire que c'étaient bien eux, tant ils sentaient le sapin.
– Ah, que ne suis-je assez grand pour, comme eux, naviguer sur les mers !
– Réjouis-toi de ta jeunesse, lui dirent les rayons du soleil.

Mais le petit sapin ne les entendit même pas.

Lorsque revint l'époque de Noël,
de jeunes arbres furent abattus comme chaque année.
Des chevaux les emportèrent eux aussi hors de la forêt.
– Où vont-ils ? se demanda le sapin toujours aussi impatient.
Ils ne sont pas plus grands que moi.
L'un d'eux est même plus petit. Où vont-ils ?
– Nous le savons ! Nous le savons ! gazouillèrent les moineaux.
En bas, dans la ville, nous avons regardé à travers les fenêtres.
On les conduit dans la plus grande fête que l'on puisse imaginer.
Nous les avons vus plantés au milieu du salon
et ornés de boules dorées et de centaines de lumières.
– Et puis... ? demanda le sapin. Et après ?
– Ah, nous n'en avons pas vu davantage. C'était superbe !
– C'est encore mieux que d'aller sur la mer !
Oh, comme je voudrais être à Noël !
– Réjouis-toi plutôt d'être dehors, à l'air libre !
dirent la brise et le rayon du soleil.

Mais le sapin n'arrivait pas à se réjouir.

Le sapin grandissait et grandissait.
Hiver comme été, il était d'un beau vert foncé.
Et, au Noël suivant, il fut le premier abattu.
La hache trancha d'un coup, dans sa moelle.
Il tomba sur le sol avec un profond soupir.

Le sapin revint à lui dans la cour
où il venait d'être déchargé en compagnie
d'autres jeunes arbres.
Il entendit alors un homme dire :
– Celui-ci est superbe, nous le choisissons !
Et il fut emporté vers une grande maison.

Le lendemain, le sapin fut dressé dans une grande pièce, face à une cheminée où brûlait un bon feu. Des dames et des demoiselles suspendirent à ses branches des petits cornets de papier de couleur, remplis de bonbons, des pommes et des noix dorées. Plus de cent petites bougies furent fixées dans ses rameaux. Tout en haut, à sa cime, fut placée une grande étoile d'or scintillante.

– Ce soir, dirent les enfants, ce soir il va resplendir !

« Oh, pensa le sapin, comme j'aimerais que les arbres de la forêt viennent m'admirer ! »

Enfin, on alluma les bougies. Quel éclat ! Quelle beauté !
Jamais sapin sur Terre ne fut plus heureux que lui !
Alors la porte s'ouvrit à deux battants,
et une bande d'enfants se précipitèrent vers lui
en poussant des cris de joie.
Ils déballèrent leurs cadeaux et firent admirer leurs jouets.

Puis les enfants réclamèrent une histoire.
Alors un petit homme ventru s'assit sous l'arbre.
– Comme ça, nous sommes dans la verdure, dit-il,
et le sapin pourra écouter lui aussi !

Et il raconta l'histoire de Doumpe-le-Ballot,
qui tomba du haut des escaliers, mais finit
par s'asseoir sur un trône et épouser une princesse.
Les enfants battaient des mains.
Et personne ne faisait plus attention au sapin.

On laissa le sapin en place quelques jours.
Puis un matin, on le traîna hors du salon,
et on le grimpa au grenier
où il fut fourré dans un coin sombre.
« Qu'est-ce que cela veut dire ?
se demanda le sapin.
Que vais-je faire ici ? »

Des jours et des nuits passèrent.
Personne ne montait jusque-là :
il semblait qu'on l'eût tout à fait oublié.
« C'est l'hiver dehors, se disait-il,
la terre est dure et couverte de neige.
Il me faut rester ici à l'abri
si je veux être planté au printemps.
Si seulement il ne faisait pas si sombre
et si ce n'était pas si désert…
C'était si gai, là-bas, dans la forêt ! »
– Pip ! Pip ! fit une petite souris
qui sortait de son trou,
suivie d'une autre petite souris.

Les petites souris se faufilèrent entre les branches du sapin.
– On est bien ici, dirent-elles, n'est-ce pas, vieux sapin ?
– Je ne suis pas vieux du tout, répondit le sapin.
Il y en a de bien plus vieux que moi !
– D'où viens-tu ? demandèrent les souris,
qui étaient d'horribles curieuses.
Parle-nous de l'endroit le plus exquis de la Terre.
As-tu été dans l'arrière-cuisine,
où l'on trouve des fromages sur les étagères,
et des jambons pendus au plafond ?
– Non, je ne connais pas cet endroit, dit le sapin,
mais je connais la forêt où brille le soleil,
où les oiseaux chantent gaiement.
Et il leur parla de son enfance.

Les petites souris n'avaient jamais rien entendu de semblable.
Puis, il leur parla du soir de Noël,
et n'oublia pas de leur raconter l'histoire de Doumpe-le-Ballot.
Les petites souris l'écoutaient de toutes leurs oreilles.
– Tu en as vu des choses ! dirent-elles.
Oh, comme tu as été heureux !
– Oui, dit-il, ce fut un temps bien agréable.

Les petites souris finirent par s'en aller,
et l'arbre resta seul de nouveau.
« C'était un vrai plaisir, se dit-il, d'avoir autour de moi
ces petites souris qui écoutaient mes récits.
C'est fini ça aussi mais, lorsque l'on me sortira d'ici,
je saurai goûter les plaisirs de la vie. Mais quand ? »

Ce fut un matin. Des gens arrivèrent
et remuèrent tout dans le grenier.
Ils déplacèrent les caisses,
tirèrent l'arbre hors de son coin.
Un homme le traîna vers l'escalier.
« La vie recommence ! » pensa le sapin, lorsqu'il sentit
l'air frais sur lui et le premier rayon de soleil...

Au dehors, tout se passa si vite !
Dans le jardin en fleurs, les roses embaumaient l'air
et les hirondelles voletaient en chantant.
« Enfin je revis ! » se dit le sapin,
tout heureux en déployant largement ses branches.
Hélas ! elles étaient toutes fanées et jaunies.
Seule l'étoile de papier doré, qui était restée à son sommet,
brillait sous le soleil éclatant.

Dans la cour jouaient les enfants qui, le soir de Noël,
avaient dansé autour du sapin et l'avaient trouvé si beau.
Le plus jeune courut et attrapa l'étoile d'or.

L'arbre regardait la splendeur des fleurs
et la fraîche verdure du jardin, puis, enfin,
il se regarda lui-même, couché tristement sur le sol.
Alors il pensa à sa jeunesse dans la forêt,
à la joyeuse veillée de Noël, aux gentilles petites souris
si contentes d'entendre l'histoire de Doumpe-le-Ballot.
« Fini, fini ! soupira-t-il. J'aurais dû profiter
davantage de ces moments heureux ! »

Bientôt arriva un homme qui coupa le sapin
en petits morceaux, et en fit un grand feu de joie.
Les enfants vinrent s'asseoir devant les flammes
et criaient « Pif ! paf ! » à chaque crépitement.
Le sapin, lui, songeait à un jour d'été dans la forêt,
ou à une nuit d'hiver sous le scintillement des étoiles.
Il pensait au soir de Noël et à Doumpe-le-Ballot,
le seul conte qu'il eût jamais entendu et qu'il avait su répéter...

Et puis, il ne resta plus rien du petit sapin.
Les enfants s'étaient remis à jouer.
Le plus jeune portait sur sa poitrine l'étoile d'or
qui avait orné le sapin au soir le plus heureux de sa vie.

Finie cette soirée, fini le sapin, et l'histoire, aussi :
finie, finie comme toutes les histoires.

Vous avez aimé cette histoire ?
Découvrez également…

Dans la même collection

n° 3 | Poulerousse

n° 10 | Perlette goutte d'eau

n° 11 | La Plus Mignonne des Petites Souris

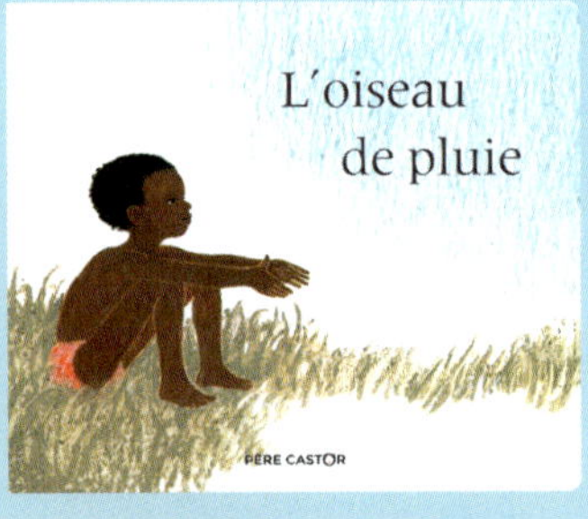

n° 12 | L'Oiseau de pluie

n° 16 | Baba Yaga

n° 19 | La Grande Panthère noire

n° 34 | La petite fille qui voulait voir le désert

n° 37 | Le Petit Chaperon Rouge

n° 40 | Le Chat Botté

Les Histoires du Père Castor

Qu'elles soient nées dans l'esprit fécond d'un auteur ou venues du fond des âges et de pays lointains, les histoires transmettent une culture, une tradition, elles parlent de nous. Comprendre, accepter les autres, mieux se connaître, se laisser porter par la magie des mots et des images : c'est tout cela que les Histoires du Père Castor offrent.

Depuis 1931, le Père Castor propose de merveilleuses histoires illustrées, et crée les classiques de la littérature pour enfants, d'hier et d'aujourd'hui. Nous perpétuons cette tradition avec les talents d'auteurs de mots et d'images pour le plaisir toujours renouvelé du partage de la lecture...

▼ Dans la même collection ▼

n° 51 | Hansel et Gretel

n° 54 | La Chèvre
de Monsieur Seguin

n° 62 | La Petite Fille
aux allumettes

n° 84 | Poucette

n° 97 | La Plume du caneton

n° 101 | Le Jamais-Content

n° 118 | Petite Poule noire
comme nuit

n° 147 | 24 petites souris
et la neige de Noël

n° 149 | 24 petites souris
avant Noël